POÈMES À TOUT VENT

DU MÊME AUTEUR :

L'amour en cinquante sonnets (autoédition, 2006)
Et vogue la musique (autoédition, 2007)
Ballades humoristiques (autoédition, 2007)
De-ci de-là (autoédition, 2008)
Ballades des animaux (autoédition, 2008)
Des gens ordinaires (autoédition, 2008)
Sonnets fantastiques (autoédition, 2008)
Ballades des métiers (autoédition, 2009)
Sonnets pour le vingtième siècle (autoédition, 2010)
Sonnets anglais (autoédition, 2010)
Ballades botaniques (autoédition, 2011)
Sonnets pour deux générations (autoédition, 2011)
Rondeaux et rondels (autoédition, 2012)
Poèmes anciens (autoédition, 2012)
Haïkus et tankas (autoédition, 2012)
Ballades des quatre saisons (autoédition, 2013)
Chansons enfantines (autoédition, 2013)
Poèmes à chanter (autoédition, 2013)
Sonnets des six continents (autoédition, 2013)
Ballades satiriques (autoédition, 2014)
Poèmes à chanter II (autoédition, 2014)
Sonnets de l'Histoire de France (autoédition, 2015)
Poèmes coréens (autoédition, 2015)
Sextines de tous temps (autoédition, 2015)
Pantouns de France et d'ailleurs (autoédition, 2015)
Chants royaux d'hier et d'aujourd'hui (autoédition, 2015)
Sonnets pour une Provence mystérieuse (autoédition, 2015)
Sonncts pour un Paris mystérieux (autoédition, 2016)
Sonnets pour la ville d'Orange (autoédition, 2016)
Poèmes du monde entier (autoédition, 2016)
Sonnets en assonance (autoédition, 2017)
Sonnets pour les provinces de France (autoédition, 2017)
Poèmes à chanter III (autoédition, 2017)

Michel MIAILLE

POÈMES À TOUT VENT

Michel MIAILLE, éditeur

©Michel MIAILLE, éditeur, 2017
michel.miaille@orange.fr
ISBN : 979-10-91164-54-2
« Le code de la propriété intellectuelle interdit les copies ou reproductions destinées à une utilisation collective. Toute représentation ou reproduction intégrale ou partielle faite par quelque procédé que ce soit sans le consentement de l'auteur ou de ses ayant cause, est illicite et constitue une contrefaçon, aux termes des articles L.335-2 et suivants du code de la propriété intellectuelle. »

AVANT-PROPOS

Le monde évolue, de plus en plus vite, surtout, semble-t-il, depuis les dernières décennies ; la poésie ne pouvait que suivre le mouvement dans un siècle de bouleversements de toutes sortes où la guerre des mots accompagnait la guerre tout court et où la remise en cause de tout était la règle.

En effet, du Dadaïsme au sortir de la Première guerre mondiale au Surréalisme dans la foulée, le langage des poètes, n'a cessé de se transformer. De Guillaume Apollinaire à la poésie sonore, en passant par Tristan Tzara, André Breton, leurs mots n'ont cessé d'emprunter des voies nouvelles, souvent au grand dam des puristes mais n'en est-il pas ainsi depuis toujours. J'ai brisé ce grand coquin d'alexandrin disait déjà, en son temps, Victor Hugo ; qu'aurait-il pensé de ce qui allait suivre ?

Les formes changent, la langue change, l'écriture se transforme, les vers se disloquent, un nouveau langage voit le jour, la jeunesse bouscule les vieilles barbes avant que d'être, elle-même, dépassée. Les écrits restent, certains survivent à leurs auteurs, l'immense majorité disparait et la vie continue.

Après avoir longtemps couru les sentiers dits classiques, j'ai voulu m'évader à mon tour vers ces formes libérées (libérées de quoi) ou plus exactement libres. J'ai trouvé l'exercice particulièrement intéressant et novateur (à bas la routine et le conformisme). Je vous livre, à présent, le résultat de mes élucubrations sous la forme d'une cinquantaine de poèmes. J'invite, par ailleurs, tous les poètes à pratiquer cet exercice : un monde enchanteur les attend : celui de la modernité mais aussi de la poésie de tout temps.

Aux amis des mots et de la poésie
Elle si diverse dans ses formes
Elle toujours égale à elle-même
Elle qui nous parle de la vie et de nous
Au-delà du temps au-delà des modes

AU MARCHÉ DU JEUDI

Au marché du jeudi
Il y a toutes sortes de marchands
Il y a toutes sortes de marchandises
Il y a toutes sortes d'étals
Il y a toutes sortes de gens
Des légumes tout frais
Des fruits venus du bout du monde
Des fruits du village d'à côté
Des poissons qui se souviennent de la mer
Des crabes qui jouent de leurs pinces
Des habits pour habiller les gens
Il y a des marchands
Qui interpellent le chaland
Qui font les yeux doux
À la future acheteuse
Qui font du boniment
Qui font de l'œil
À tous ceux qui ont de grandes oreilles
De grandes oreilles et le portefeuille
Qui sonne plus ou moins creux
Qui sonne souvent pas du tout
Au marché du jeudi il y a aussi des touristes
Ceux qui voient la vie en rose
Ceux qui rougissent au soleil
Ceux qui s'extasient de tout
Ceux qui parlent comme à la télévision
Ceux qui parlent comme des étrangers
Puis quelque part aussi
Au marché de la vie
Il y a l'amour qui fait ses emplettes
L'amour qui vend des illusions
Et des rêves pour pas cher
Alors des gens s'arrêtent pour lui parler
D'autres lui sourient

D'autres passent indifférents
Mais l'amour n'en fait qu'à sa tête
Au marché du jeudi
Au marché du dimanche
Au marché de tous les jours
Où l'on fait des affaires
Avec toutes sortes de marchands
Avec toutes sortes de marchandises

DANS LA MAISON DE RETRAITE

Dans la maison de retraite
Il y a toutes sortes de gens
Il y a pépé et mémé qui parlotent
Passé présent désassemblés
Il y a le vieux qui parle des souvenirs d'antan
La petite vieille qui n'attend plus personne
Celui qui voit la télé mais ne la regarde pas
Ça bouge et ça tient toujours compagnie
Il y a monsieur grincheux
Qui cherche sans arrêt son prétexte à râler
Il y a monsieur qui ne dit jamais rien
Parce que il n'y a rien à dire
Et puis s'il dit tout le monde s'en fiche
Alors il ne dit jamais rien
Il y a aussi mesdames embrouilles
Celles qui n'aiment que ça
Les embrouilles d'ici les embrouilles d'ailleurs
Les embrouilles d'avant les embrouilles
Aux premiers pas de l'enfance
Puis il y a le monsieur qui fait ses besoins
Et madame qui a fait pipi
Puis il y a monsieur qui fait n'importe quoi
Et la dame de service qui s'énerve et qui rouspète
Ils font n'importe quoi ces pauvres vieux
Ça ne fait rien moi je les aime bien quand même
Puis il y a le vieux couple qui s'est formé hier
On l'attendait depuis longtemps cet amour le dernier
Il va pas falloir se tromper
Faire semblant qu'on y croit
Par ici la sortie c'est pas loin
Et il y a ceux qui attendent la venue des enfants
Ceux qui ne viendront pas
Ceux qui ne viendront plus

Parce qu'ils habitent trop loin
Il y a aussi ceux qui s'en fichent
Alors il n'y a plus personne qui viendra
Et on l'attend la camarde
La salope la bienvenue
Qui nous délivrera de tout
Alors moi je prends le grand cahier
Le cahier des admissions avec sa liste d'attente
Je prends ma plus belle plume
Et puis dessus
J'écris mon nom
Et prends mon tour tout simplement

DE LA FUMÉE SORT DU TOIT

De la fumée sort du toit
Qui l'eut cru aujourd'hui
Elle emporte avec elle
Des odeurs de vieille soupe
Des relents d'amitié
Des familles assemblées
Mais aussi des odeurs
Pas toujours ragoutantes
De vieux chiffons brulés
De cartons de rebuts
De plats variés
Enfin ces vieilles choses qu'on ne veut plus
Mais tout à coup bien pire
Quelle est donc cette odeur
Cette odeur pestilentielle
Ce gout de viande humaine grillée
Cette chair si particulière
Ne nous affolons pas
C'est le voisin d'à côté
Un homme un peu bizarre
Qui prépare ses plats
Sa singulière cuisine
Lui un certain Landru

DERRIÈRE MON ÉCRAN

Derrière mon écran
Qui se cache qui se dissimule
Sont-ce les braves gens
En quête d'une oreille
En quête d'autres yeux
En quête d'autres jeux
Est-ce le cœur esseulé
Est-ce une âme en peine
Est-ce une âme errante
Le long des quais de la vie
Perdu dans sa solitude
Pauvre passant d'un soir
Noyé dans ses illusions
Noyé dans mille faux-semblants
Est-ce le brave homme
Est-ce la brave femme
Est-ce le jeune est-ce le vieux
Est-ce l'adolescent
Ou l'être aux cheveux blancs
Est-ce celui qui fait semblant
Derrière son faux nom
Derrière son pseudo
L'âme et la conscience
Pas forcément tranquilles
Pas forcément méchant
Est-il celui qui vient voir
Est-il celui qui veut savoir
Celui qui dit des mots gentils
Juste pour vous endormir
Est-il cet escroc mielleux
Prêt à tout pour connaitre
La vraie couleur de votre visage
La vraie couleur de votre portemonnaie
Celui qu'il aimerait bien vous soulager

De vos euros de vos économies
Ainsi le doute a pris ma vie
Ainsi je me méfie de tous
Mais ces hommes dans la rue
Qui sont-ils que font-ils
À quoi pensent-ils
Avec ou sans écran

DES NOTES DANS LE CIEL

Des notes se sont échappées
D'un peu toute la terre
Les voilà à présent
Qui volent dans le ciel
Qui courent dans l'espace
Qui choisissent des endroits pour se poser
Qui s'assemblent entre elles
Qui font copains-copains
Qui font copains-voisins
Certaines voient d'un mauvais œil
Les notes d'à côté
Certaines lorgnent l'air mauvais
Des notes différentes
Des notes qui chantent pas pareil
Des notes d'un autre temps
Des notes d'une autre génération
Les instruments sont perplexes
Les violons réfléchissent
Les cordes ont le regard perdu
Les cuivres se posent des questions
Qui est-ce qui commande
Est-ce les notes
Est-ce les instruments
Est-ce les chefs d'orchestre
Est-ce une baguette magique
Et des hommes curieux
Regardent l'étrange spectacle
Puis ils se regardent entre eux
Comme le font les notes
Et soudain tout le monde se regarde
Les instruments les notes les hommes
Les hommes qui connaissent la musique
Ceux qui suivent les chefs d'orchestre
Ceux qui jouent en cacophonie

Ceux qui marchent tout droit
Et tout cela fait une belle symphonie
Celle du monde et de la terre
Celle de ceux qui vivent dessus
Ainsi soit-il n'en parlons plus

DES ROUTES SANS FIN

Des routes sans fin
S'en vont jusqu'au bout du monde
Des routes pavoisées
Des routes bien gentilles
Des routes bien proprettes
Des pistes sans nom
Des traversées de misère
Pour emporter des hommes
Des hommes et des idées
Des idées et des marchandises
Des marchandises et du bétail
Des routes s'en vont en chantant
D'autres maudissent sans arrêt
Le méchant parcours qu'il faut accomplir
Les soubresauts nombreux qu'il faut endurer
Et les routes pensent
Et les routes regardent
Le bel univers des hommes
Qui s'en va tout au loin
Qui s'en va tout là-bas
Voir si la terre est plus belle
Voir si la nature est plus verte
Voir si les oiseaux chantent mieux
Parfois les routes croisent
De gentils chemins
De tous petits sentiers
D'autres routes arrogantes
Des autoroutes qui regardent en bas
Du haut de leurs viaducs
Les petites routes qui courent dans les départements
Enfin toutes sortes de routes
Regardent toutes sortes d'autres routes
Puis toutes

Sortent leurs petits carnets
Leurs petits carnets de route
Et pleines de recueillement
Notent tout ce qu'elles ont vu
Ce qu'elles ont entendu
Ce qui les a émues
Ce qui leur a déplu
Dans leur éternelle vie de route
Où des hommes passent
Sans jamais rien voir

DES VOIX SUR LA TERRE

Des voix sur la terre
Disent toutes sortes de mots
Évoquent toutes sortes de maux
Elles parlent à tue-tête
Elles parlent à mots couverts
Elles parlent à pas feutrés
Pour dire le meilleur
Ou pour dire le pire
Pour dire ce qu'il ne faut pas dire
Ou dire en cachette
Quand il n'y a plus personne
Quand la ville est endormie
Quand seuls quelques chiens aboient
Les mots que personne ne comprend
Et puis il y a d'autres voix
Des voix tonitruantes et des voix de stentor
Des voix qui disent du mal
Du mal de ceux qui font du bien
Du mal pour se faire plaisir
Du mal pour rien
Du mal des voisins
Du mal des cousins
Du mal selon le temps
Du mal selon les jours
Et puis il y a bien d'autres voix
Des voix qui disent le contraire
Le contraire de ce qu'elles ont dit hier
De ce qu'elles diront demain
Le contraire pour dire le plaisir du contraire
Il y a aussi des voix qui se taisent
Qui se taisent mais n'en pensent pas moins
Des voix qui gardent au fond de leurs gorges
Les mots qu'on n'entendra jamais
Alors toutes ces voix

Se rejoignent un beau jour
Puis s'envolent dans le ciel
Et plus personne ne les n'entendra
Ces voix sur la terre
Qui disaient toutes sortes de mots
À voix haute à voix basse
Tiens on n'entend déjà plus rien

LA CANICULE ET LA PLUIE

La canicule avec la pluie
Se disputent gaiement
Chacune veut avoir raison
Chacune se veut la plus forte
La plus belle la plus ceci la plus cela
Et ça discute fort
Et ça veut avoir raison
Et ça veut commander
L'une s'allie au soleil
L'autre fait ami-ami avec les nuages
Que voulez c'est ainsi
Chacun va vers ses semblables
Chercher quelque renfort
Et pendant ce temps-là
Le monde tourne
Le monde fait sa ronde
Regardant tout autour
La nature qui souffre
La nature en goguette
Avec ses bons moments
Avec ses calamités
Avec ses canicules
Avec ses pluies
Puis soudain il voit des hommes
Des hommes qui se disputent
Des humains qui se battent
Des humains qui vont et qui passent
Puis aussi qui trépassent
Tout comme la canicule
Tout comme la pluie
Qui se sont évanouies dans l'espace
Comme deux mégères assouvies
La canicule avec la pluie

LA MAISON EN AFRIQUE

Dans le zoo il y a des animaux
Des bêtes qui discutent entre elles
De choses et d'autres
Où est ta maison dit l'une d'elle
À l'animal tout à côté
Ici dans cette cage répond l'autre animal
Mais non dit l'autre
Je veux dire ta vraie maison
Celle de ton enfance
Quand tu étais bébé
Dans les bras de ta maman
Dans les bras de ton papa
Dans les bras de tout le monde
Là-bas au bout du monde
Quelque part en Afrique
Là où il y a des arbres partout
Avec de grandes forêts
Avec toutes sortes d'animaux
Des rivières immenses qui galopent
Au milieu des arbres et des clairières
Avec des cascades bruyantes
Avec de l'eau grande comme ça
Je ne vois pas de quoi tu veux parler
Dit l'autre animal
Ma maison c'est ici
Avec plein d'animaux
Pleins d'autres compagnons
Comme toi
Comme eux
Pourtant si tu me dis
Que j'ai une autre maison
Quelque part là-bas très loin
Dans un pays que je ne connais pas
Tu m'emmèneras un jour avec toi

On partira tous les deux
Dessus un grand bateau
Là-bas pour la connaitre enfin
Cette maison de mon enfance
La maison en Afrique
Là-bas au bout du monde
Celle que je découvre
Aujourd'hui avec toi

LA RONDE DES SIROPS

Les sirops installés
Tranquillement dans leurs bouteilles
Se racontent des histoires de sirop
Certains jouent les fiers-à-bras
Et d'autres se prennent pour les meilleurs
D'autres plus discrets
Jouent avec la lumière
Jouent avec le soleil
Certains ont l'allure commune
De tous les sirops du monde
D'autres ont des allures de sirops distingués
Il y a ceux qui fréquentent les tables ordinaires
Il y a ceux qui préfèrent les bars sélects
Il y en a qui se fichent des bars
Des verres et de ceux qui boivent dedans
Il y a des sirops puristes
Ceux qui n'aiment que les fruits
Il y a des sirops trafiqués
Avec des colorants avec des additifs
Des additifs avec des noms bizarres écrits en tout petit
Et puis il y a le sirop de grand-maman
Avec rien dedans
Comme au temps de sa jeunesse
Et puis tous les sirops
Font leur travail de sirop
Leur travail pour les petits
Leur travail pour les plus grands
Et pendant ce temps-là madame l'eau
Qui se fiche pas mal de tous les sirops
Coule à goulot déployé
Dans les gorges et dans les ventres

Avec un joli glouglou
Pareil au glouglou des ruisseaux des bois
Loin des sirops installés
Des sirops installés dans leurs bouteilles
Un peu comme des prisonniers
Des sirops bien installés
Comme tous les sirops du monde
Qui se racontent des histoires de sirop

LA VIEILLE MAISON ABANDONNÉE

La vieille maison abandonnée
Regarde tristement ses murs
Ses pauvres murs d'une autre époque
Que des hommes ont bâtie
À longueur de temps
À longueur d'année
À longueur de sueur
Elle se souvient des jours lointains
D'un passé qui se meurt lentement
Elle se souvient des campagnes
Des enfants partant pour l'école
Des animaux dans l'étable
Des humains à côté de l'étable
Des hivers glacés d'autrefois
Des cheminées crachant leurs flammes
Des vieux chemins menant au village
Puis vers la lointaine ville
Avec ses bâtiments nouveaux
Ses transports nouveaux
La vieille maison abandonnée
Regarde passer le dimanche
Les messieurs dames bien chaussés
Tous ces braves gens bien ferrés
S'en allant là-bas vers la montagne
Enfin la montagne d'à côté
Elle se souvient des travaux d'ancien temps
Des bras en forme de machines
Des machines qu'on connaissait à peine
Celles qui vous faisaient la vie plus belle
Elle regarde parfois
Ces êtres étranges
Armés de pinceaux et de seaux de peinture
Qui viennent gribouiller des dessins

Dessus ses vieux murs abimés
Et de temps en temps elle regarde
Des messieurs bien habillés
Qui parlent d'histoire de sous
Qui parlent de rachats
Parfois de résidence secondaire
Parfois de maison du dimanche
Enfin qui parlent d'elle
Elle la vieille maison abandonnée
Qui tristement regarde ses murs
Ses pauvres murs d'une autre époque

LA VIEILLE MAISON

La vieille maison solitaire
S'ennuie toute seule
Alors pour s'occuper
Elle prend un grand sac
Un grand sac usagé
Qui en a vu de toutes les couleurs
De toutes les couleurs
Dans toutes les époques
Puis elle s'active
Et commence à remplir le sac
D'abord des cris d'enfant
Ceux qui retentissaient
À l'aube de sa vie
Des cris des jeux
Des pleurs des rires
Des areu etc etc
Enfin des choses de la vie
Puis elle y met des fureurs d'adolescent
Des disques tout pleins de vacarmes
Des disputes et des discussions
Des mots et leurs contraires
Enfin des choses de l'existence
Et le vieux sac grandit tout doucement
Voilà le papa voilà la maman
Et puis voilà le vieux papy
Celui qui regrette sa jeunesse
Sa jeunesse et le bon temps
Quand mamy était là
Il y a déjà bien longtemps
Et puis voilà les voisins
Et puis voilà les cousins
Et puis voici patin couffin
Les uns les autres

Ceux qui ne parlent pas beaucoup
Ceux qui parlent beaucoup trop
Ceux qui disent ce qu'il ne faut pas dire
Ceux qui disent n'importe quoi
Enfin des choses de toujours
Quand le sac est bien plein
La vieille maison solitaire
Prend le sac sur son dos
Et le porte au grand cimetière
Au grand cimetière de la vie
Là où les gens parlent sans arrêt
Là où l'on n'entend plus rien

LE BISTROT DES CONFIDENCES

Derrière le bistrot
Le bistrot des confidences
On entend tant de mots
On devine tant de maux
Chacun dit son histoire
Son histoire et ses déboires
Au moment de boire
Ses moments de folie
Ses moments inventés
Des choses de la vie
Des choses du passé
Des choses qui n'ont pas d'avenir
Ou un avenir déjà passé
Et des jours très improbables
Et ça murmure
Et ça chuchote
Et ça dit n'importe quoi
Et ça dit ce qui ne se dit pas
Alors la vie change de couleurs
Des fois c'est tout blanc
Des fois c'est tout triste
Et le comptoir lui rigole
Et le comptoir lui a envie de pleurer
Et puis en fin de compte
Il prend son air blasé
Son air de tous les ceux
Qui en ont tellement entendu
Qui en ont tellement oublié
Ceux qui ne savent pas
Ceux qui ne savent plus
Parfois il voudrait bien
Rejoindre d'autres bistrots
Mais à quoi bon

Entendre des histoires de comptoir
Non merci il a son compte
Alors il reste là
Alors il écoute
Le bistrot des confidences
Lui qui entend tant de mots
Lui qui devine tant de maux
Au milieu des rires
Au milieu des sourires
Au milieu des angoisses cachées
Au milieu des vies qui passent

LE DISQUE VINYLE

Le vieux disque vinyle
Tourne tant et tant
Et tourne tant qu'il peut
Il chante la chanson
Il chante le refrain
De ces années-bonheur
De ces années de joie
Où la vie était bleue
Où le soleil twistait
Où le madison jerkait
Dans le petit village
Dans l'immense ville
Avec l'insouciance
Des cheveux qui valsaient
Des cœurs qui se grisaient
Il fait des tours
Encore des tours
Et toujours des tours
Sur la vieille platine
Puis quand il a bien tourné
Il s'assoit dans un coin
Se repose avec nostalgie
Regarde le monde d'aujourd'hui
Avant de retourner
Dormir dans son étui
Dormir dans sa pochette
Comme un vieux disque qu'il est
Pareil à tous ses compagnons
Les vieux 78 Tours
Qui dorment à jamais
Comme les hommes d'antan
Dans leurs vieilles pochettes
Là-bas au cimetière

LE FACTEUR N'EST PAS PASSÉ

Aujourd'hui le facteur n'est pas passé
Pas de nouvelles du percepteur
Pas de nouvelles du marchand d'électricité
Pas de nouvelles du marchand d'eau
Pas de nouvelles du marchand de marchands
On peut s'en passer tant mieux
Pas de journal
Pas de revues
Pas de cartes postales
Pas de nouvelles
De ceux qui sont partis au bout du monde
De ceux qui ne vivent pas très loin d'ici
Pas de nouvelles de ceux qui vivent nulle part
Pas de nouvelles
De ceux qui nous oublient
Pas de nouvelles de patin et couffin
Où peuvent-ils bien être passés ces deux-là
Demain peut-être qu'il passera
Demain peut-être qu'il ne passera pas
Avec son grand paquet de lettres
Avec son grand paquet de cartes postales
Avec son grand paquet de factures
Avec son grand sac de futilités
Qui sait peut-être est-il en promenade
Avec d'autres facteurs de la région
Avec tous les facteurs du monde entier
Et s'il avait décidé
Comme ça tout à coup
De ne plus jamais passer
Demandez plutôt à votre ordinateur
Peut-être qu'il sait lui
Sait-on jamais

LE FLEUVE ET LA RIVIÈRE

Le fleuve et la rivière
Se regardent perplexes
Sont-ils tous deux parents
Lequel des deux est le plus grand
Lequel des deux est le chef
Le fleuve se veut le plus fort
Et le plus fort c'est celui qui commande
Celui au long parcours
Traversant les pays les régions
Apportant ses limons ses bienfaits et ses colères
La rivière plus petite
Est-elle l'enfant
Est-elle la complice
Est-elle l'amie la compagne
Est-elle la rivale du grand monsieur fleuve
Qui pourrait bien le dire
Mais l'eau est là
Là depuis bien longtemps
Connaissant les deux compères
Passant de l'un à l'autre
Faisant ami-ami
Un coup avec l'un un coup avec l'autre
Ne sachant plus très bien
Qui est le maitre
Qui est le chef
Lequel est le grand conducteur
Pour aller tout là-bas
Vers ces grandes étendues
Qu'on appelle la mer
Elle que l'océan
Aimerait bien dévorer
Mais pourtant à la fin
La rivière et le fleuve

La mer et l'océan
Se rejoignent tous ensemble
Puis ils invitent les larmes
Et font une grande fête
La grande fête des eaux

LE FROID D'ÉTÉ

Le froid d'été promène
Son long museau sa tête glacée
Le long des grandes plages de sable
Sur les massifs pointus des Alpes
Sur la lourdeur des cœurs enfermés
Le froid fait ce qu'il veut
Le froid fabrique ce qu'il veut
Les grands frissons d'été
Les grands frissons glacés
Les râles et les regrets
Des vacanciers des estivants
Ceux qui portent des pulls
De grands pulls des chaussettes
Et tout le poids du monde
Dessous le ciel d'été
Ceux qui voudraient porter des maillots
Mettre de la crème solaire
Et dire merci au soleil
Mais le froid d'été se promène
Jusqu'à demain jusqu'à plus tard
Puis soudain il s'en va
Il s'en va comme il était venu
Hélas les vacanciers s'en vont aussi
Tant pis pour cet été
Vivre le prochain été
Sans froid qui sait
Si le nouvel été le veut

LE JOLI MOIS DE MAI

Ah qu'il est donc joli
Le joli mois de mai
Avec ses ponts ses congés successifs
Comptez dessus vos deux mains
Les jolis jours de congés
Les joyeux pique-niques
La mer bleue presque à point
Les grands parkings toujours pleins
Les touristes premiers nés
L'âme et le cœur en bandoulière
Le porte-monnaie bien rempli
Ah qu'il est formidable
Le joli mois de mai
Avec ses restaurants
Ses parcours bien fléchés
Ses sentiers balisés
Ses animaux qui s'éveillent
Les autos les motos font leurs joyeux ronrons
Les routes ont des fous rires
Face aux divers promeneurs
Les hôtels-restaurants font des sourires
Aux portemonnaies qui passent
Les portemonnaies sourient
Aux braves gens de France
Aux braves gens d'Europe
Aux braves gens du monde entier
Enfin tout le monde il est content
Tout le monde il est gentil
Oh mais qu'est-ce que je vois
Dis-moi joli mois de mai
Juste quelques fleurs
Juste quelques oiseaux
Juste un peu de verdure

Juste un petit ruisseau
Un peu d'eau qui ruisselle
Un peu plus joli mois de mai
Tu allais me les cacher
Petit coquin petit vilain
De joli mois de mai

LE MARCHAND DE BARBE À PAPA

Le marchand de barbe à papa
Vend de la barbe à papa
Barbe à papa pour les enfants
Des tout petits jusqu'aux adultes
Barbe à papa pour les sans barbe
Ceux qui rêvent d'en avoir une
Une jeune barbe de jeune homme
Une barbe imposante comme un ministre
Comme un ministre d'autrefois ça va de soi
Une barbe à papa pour les vieilles barbes blanches
Celles qui en ont tant vu
Celles qui en ont tant entendu
Et qui sont sourdes maintenant
Des barbes de toutes les couleurs
Des barbes pleines d'espoir
Des barbes arrogantes
Des barbes poil au doigt
De la barbe à papa pour la femme à barbe
Celle du cirque d'à coté
Celle qu'on vient contempler
Telle une bête curieuse
Barbe à papa pour le vieux soldat
Celui qui a connu la guerre d'antan
Celle d'un siècle en allé
Enfin barbe à papa pour tout le monde
Les petits les grands
Les un peu grands les très grands
Les ceux qui se croient grands
Les ceux qui l'ont été mais qui ne le sont plus
Barbe à papa même pour le Bon Dieu
Oh et puis la barbe à la fin

LE PAPA LA MAMAN LES ENFANTS

Le papa c'est le papa d'un enfant
Un enfant à lui
Un qu'il a fabriqué autrefois
Avec une autre maman
Une maman qui est partie un jour
Partie avec un autre monsieur
Partie là-bas très loin
Partie pour de nouvelles amours
La maman c'est la maman d'un autre enfant
Une enfant à elle
Qu'elle a mis au monde un jour
Avec un autre monsieur
Un monsieur qui s'en est allé un jour
Qui s'en est allé un jour avec une autre dame
Parti pour de nouvelles aventures
L'enfant lui il est tout nouveau
Tombé de l'avant-dernière pluie
Il appartient au papa et à la maman
Ceux qui lui tiennent la main aujourd'hui
Alors les deux enfants regardent le troisième enfant
Celui qui est nouveau
Et le nouvel enfant
Celui tombé du ciel et de l'avant-dernière pluie
Regardent les deux autres
Et tous se disent dans leurs petites têtes
Est-ce qu'on va faire copain-copains
Est-ce qu'on va se chamailler
Est-ce qu'on va se détester
Est-ce enfin qu'on va s'aimer
Chiche dit l'un
Allez dit l'autre
Tiens pourquoi pas dit le dernier
Et les voilà tous partis

Le papa la maman les enfants
Pour une nouvelle vie une nouvelle aventure
Mais l'aventure c'est l'aventure
Et qui vivra verra
Le papa la maman les enfants
Les enfants la maman le papa
Enfin je sais plus moi

LE PÊCHEUR LE POISSON LES OISEAUX

Un pêcheur pêche au bord de l'eau
Ça fait déjà un bon moment
Maintenant il a ses habitudes
Les poissons viennent le voir
Et discutent avec lui
Bien sûr qu'ils se méfient
Pas folle la bête
Et ce vilain hameçon qui se promène là
L'air innocent l'air de ne pas y toucher
Car eux le savent bien
Le danger vient de là
Mais ça ne fait rien
Entre vieilles connaissances
On a tant des choses à se dire
Alors on parle de tout
Du temps
De la couleur de l'eau
De l'humeur du pêcheur
De l'humeur des poissons
De l'humeur de la rivière
Tout défile
Des oiseaux passent par là
Eux aussi ont leur mot à dire
Eux aussi veulent participer
Au grand débat sur la nature
Et vas-y que je pépie
Et vas-y que je fais des bulles dans l'eau
Pour un peu les nuages y mettraient aussi leur grain de sel
Et tout ça fait un joyeux brouhaha
Et tout ça fait un bien joli tintamarre
Mais hélas le temps passe vite
Il est temps de rentrer
Rien à emporter se dit le pêcheur

Tant pis on s'est dit tant de choses
On a refait le monde
Et puis ça fait du bien de se parler entre braves gens
Mais sa femme le voyant bredouille
Lui fait la tête et ne desserre pas les dents
Alors le pêcheur reprend
Ses cliques et ses claques
Son vieux barda
Ses cannes ses hameçons
Et il repart retrouver ses amis poissons
Tandis que les oiseaux et la nature entière
Dansent au-dessus de sa tête en riant

LE PETIT CANARD SANS CHEVEUX

Le petit canard marche seul
Tout seul loin des autres canards
Il n'a plus de cheveux sur la tête
Il n'a plus un poil sur le caillou
Qui sait d'autres canards l'ont battu
Peut-être qu'ils lui ont arraché ses cheveux
Comme de vilains canards
Comme de méchants canards
Qui battent d'autres canards
Parce qu'ils ne sont pas comme eux
Parce qu'ils ont le bec de travers
Parce qu'ils ont une patte plus courte que l'autre
Parce qu'ils ne marchent pas du même pas
Tous les vilains oiseaux comme lui
Toutes les vilaines bêtes différentes
Du ciel et de la terre
De la terre et de l'au-delà
Alors il s'en va tout seul
Il dit bonjour aux gens
Il essaye un pauvre sourire
Pour un morceau de pain
Pour un instant de joie
Un moment d'éternité
Avec ceux qui peut-être lui ressemblent
Tous les animaux humains
Puis il repart plus loin
Voir si le ciel est plus bleu
Voir si les oiseaux du monde sont plus gentils
Dans d'autres bassins là-bas
Le petit canard solitaire
Le petit canard sans cheveux

LE PETIT MARTINET

Le petit martinet
Je l'avais ramassé dans la rue
Pauvre petit oiseau tombé du nid
Un vilain matou
Commençait à s'approcher de lui
Griffes et dents acérées
Alors je l'ai recueilli
Je lui ai préparé une pâtée
Enfin quelque chose qui y ressemblait
Je lui ai donné du pain
Je lui ai donné des grains
Je lui ai donné de l'amitié
Enfin tout ce qu'on donne à un oisillon
Un oisillon tombé du ciel
Plutôt un oisillon tombé du nid
Puis je l'ai mis sur mon balcon
Je lui ai offert l'air
Enfin l'air de la ville
Celui qui est presque pur
Il a tourné ses yeux
Il a tourné son bec
De ce côté là-bas
Où chante le grand large
Où chante la liberté
Et soudain hop
Le voilà parti
Vers d'autres martinets ses confrères
Vers la nature qui l'appelait
Alors je suis resté là
Seul désemparé
Loin d'une vie d'oiseau
Seul avec une vie de pauvre humain
Dis-moi petit oiseau

Est-ce ainsi que les hommes vivent
Loin du nid d'enfance
Loin du nid parental
En s'en allant un jour
Sans rien dire
Sans merci
Ingrats comme le temps qui passe
Comme les oiseaux qui s'échappent
Comme les enfants qui s'en vont

LE SOLEIL FAIT CE QU'IL VEUT

Le soleil fait ce qu'il veut
Le soleil fait ce qui lui plait
Aujourd'hui j'ai décidé qu'il se dit
De faire la fête à tout le monde
Aux braves gens du monde entier
Ceux des pays dorés
Ceux des pays glacés
Enfin de tous les pays
Je vais faire la fête aussi
À toutes les plantes que j'ai là sous la main
Je vais brûler
Je vais meurtrir
Je vais ravir
Les végétaux qui s'éveillent
Les grands arbres qui s'endorment
Les feuilles qui discutent entre elles
Les arbustes qui se croient malins
Je vais assécher toutes les eaux
Celles des grandes rivières
Celles des tout petits ruisseaux
Celles des nuages moutonnants
Celles des mers immenses
Et des océans grandiloquents
Je vais faire chanter les cigales de toute la terre
Je vais faire pleurer les assoiffés du monde entier
Et puis si ça ne suffit pas
Pour me rassasier
Je dévorerai la terre entière
Mais voilà tout à coup
D'autres soleils qui surgissent
Jaloux du prétentieux
Ils sortent leurs grandes dents
Leurs crocs tout emplis de feu

Et vite fait bien fait
Chacun à leur tour
Ils dévorent le soleil
Lui qui se prenait pour le roi des étoiles
Lui qui croyait faire tout ce qu'il voulait
Pauvre étoile sans planètes

LE VIEUX CHATEAU EN RUINES

Le vieux château en ruines
Se souvient des jours d'autrefois
Il revoit la belle et ses servantes
La table aux invités
Le seigneur tout-puissant
Avec ses armes flamboyantes
Il écoute dans le vent
Le chant des oiseaux
Les cris des bœufs
Les cris des hommes
Les cris de la guerre et des batailles
Il entend les chevaux
Les guerriers en fureur
Mais aussi dans la nuit
Le chant des troubadours
Les mots d'autrefois
Les mots de toujours
Ceux de l'amour
Ceux de la nostalgie
Ceux des vieilles romances
Enfin les mots de tous les temps
Il écoute à présent
Les pas des promeneurs
Les souliers des randonneurs
Les chasseurs et leurs chiens
Quelquefois hélas le feu vient aussi
Lécher ses vieilles murailles
Où plus rien ne peut bruler
Il entend alors au loin
Les cris d'autres guerres
D'autres guerres d'un autre siècle
Alors il se dit tout à coup
Il se dit à regret

Qu'un jour il va disparaitre
Avec tant d'images dans le cœur
Tant de bruits tant de chants tant de fureurs
Alors cela le rend tout triste
Le vieux château en ruines

LES AMIS VIRTUELS

Quelle chance que j'ai
Quelle chance tu as
Quelle chance nous avons
Pensez donc des milliers
Des milliers que dis-je des millions
D'amis de partout dans le monde
Des blancs des jaunes des noirs
Des qui habitent tout près d'ici
Des qui sont là-bas très loin
Certains que je ne connaitrai jamais
Quelques-uns que je connaitrai peut-être
Certains qui passent en un éclair
En un coup d'écran en un coup de clavier
Certains qui ont une bonne tête
Certains qui ont une tête imaginaire
Certains qui n'ont même pas de tête du tout
J'en suis complètement bouleversé
Vive le progrès et vive moi
O vous mes ancêtres d'autrefois
O vous mes braves ancêtres attardés
O vous les braves gens des siècles de jadis
Comment avez-vous pu vivre en des temps lointains
En des temps sans écrans
En des temps sans claviers
En des temps sans ceci en des temps sans cela
Et cetera et cetera
Soudain quelqu'un passe près de moi
Mais qui est cet étranger
Ce brave monsieur qui passe à côté de moi
Ah bon c'est mon voisin de palier
Excusez-moi monsieur je ne vous ai jamais vu
Ça fait longtemps que vous habitez ici
Dix ans Dieu que le temps passe vite

Mais ne perdons pas de temps
Et courrons vite retrouver nos vrais amis
D'ici de là-bas de par le monde
Quelle chance nous avons
Quelle chance tu as
Quelle chance que j'ai
O vous mes amis lointains
Mes amis si précieux
Mes amis virtuels

LES ANIMAUX CURIEUX

Eh oui aujourd'hui c'est le grand jour
Dans quelques heures ils seront là
Les coureurs de tous les pays
Sur leurs magnifiques vélos
Le cœur tout plein d'ardeur
Alors les animaux de la forêt
Se sont donné le mot
Il faudra être là et ne pas manquer le spectacle
Il y a bien entendu messieurs les oiseaux
Sur leurs arbres perchés
Eux qui veulent être aux premières loges
Il y a même les grands rapaces qui voltigent dans le ciel
Au milieu d'autres étranges oiseaux
Des oiseaux qui transportent des gens dans leur ventre
Il y a les lapins craintifs il y a les marmottes
Il y a les rats des campagnes qui sortent leurs museaux
Plus haut là-bas sur les pentes
Les chamois lorgnent vers le lointain
Prêts à ajuster leurs jumelles
Leurs jumelles de chamois curieux
Il y a des chevaux l'air imperturbable
Des chevaux et des moutons qui paissent l'herbe grasse de l'été
Une couleuvre craintive sort le bout de son museau
Puis repart vite dans son trou
Des fourmis font leur travail de fourmi
Après l'été et ses courses bientôt l'hiver et sa disette
Et surtout il y a de drôles d'animaux
Qui s'agitent un peu de partout
Venus de toute la région
Venus de régions lointaines
Avec leurs drôles de maisons qui roulent
Leurs voitures par milliers
Eux sont très peu discrets
Et poussent de longs cris

En agitant leurs drapeaux
En agitant leur frénésie
Tandis que d'autres caravanes passent sur la route brulante
Tandis que des vélos les suivent loin derrière
Tous les animaux sont contents
Les animaux de la forêt
Les étranges animaux de la ville
Que voulez-vous braves gens
Aujourd'hui c'est le grand jour
Aujourd'hui c'est le grand tour

LES ANIMAUX DANS LA MAISON

Le chien le chat
Le canari et les poissons
Chacun donne son avis sur la maison
Cette maison où ils vivent
Heureux joyeux peureux envieux etc
Chacun veut parler plus fort que l'autre
Sauf le pauvre poisson qui ne sait faire que des bulles
Ici la nourriture est sympa dit l'un
Tu parles on crève de faim oui
Il y a mieux il y a pire dit un autre
Les autres animaux
Dans la maison d'en face
Ils sont mieux que nous
Ça s'est toi qui le dis
Moi je prétends qu'ici on est les rois
Et puis ceux qui ne sont pas bien ici
Ils n'ont qu'à s'en aller
Normal dit un animal ironique
Ceux qui savent y faire avec le maitre
Forcément ils sont plus gâtés
Et puis il y a ceux qui font des sourires
Ceux qui font des câlins
Ceux qui ronronnent dit ironique le chat
Ceux qui remuent la queue dit un chien moqueur
Regardez-moi ces grosses bêtes
Qui se croient intelligentes disent les oiseaux
Le pauvre poisson veut donner son avis
Mais il ne donne que des bulles
Et puis soudain voilà le maitre
Chacun fait la roue
Attendant sa pâtée
Et tout le monde est gentil
Et tout le monde chante

Alors le maitre est ravi après sa longue journée
De tous ces gentils animaux
Où des animaux humains
N'ont cessé de quêter des caresses
Ou n'ont cessé de lui montrer leurs griffes
Comme de grosses bêtes qu'ils sont

LES CHAMPIGNONS DANS LA FORÊT

Des champignons sont rassemblés dans la forêt
Certains très nombreux discutent entre eux
Ils ont l'air bien gentils et rient comme des fous
Ils parlent de la pluie
Du beau temps et du temps qui passe
D'autres ont l'air hargneux
Le cœur et la bouche pleins de haine
De méchanceté et de rancœur
L'un reste solitaire
Son joli chapeau déployé
Regardant le temps qui passe
Et quelques animaux qui courent
Certains sont au pied des arbres
D'autres sont cachés sous la charmille
D'autres s'accrochent aux troncs des arbres
Certains attendent le gentil cueilleur
Certains redoutent le vilain prédateur
Certains se préparent pour la marmite
D'autres affûtent leurs crocs et leur venin
Enfin que voulez-vous
Chacun passe sa vie de champignon comme il peut
Les hommes eux passent dans la forêt
L'air curieux ou débonnaire
Tiens voilà de nouveaux venus
Disent tous les champignons
Les champignons dans la forêt
L'air gentil tout en parlant
De la pluie du beau temps
Et de tous les autres champignons

LES CHAUSSURES ET LES PIEDS

Les chaussures et les pieds
Ont décidé ce jour
De se faire leurs confidences
Enfin de parler d'histoires
De chaussures et de pieds
Il y a les vilaines chaussures
Qui se font un vrai plaisir
De faire mal à tous les pieds
De donner des ampoules et des cors à tout le monde
Il y a des chaussures souples comme des gants
Qui traversent la vie en souplesse
Avec le souci de plaire à tous les pieds de la terre
Il y a les gros sabots de bois
Qui regrettent le bon vieux temps d'avant
D'avant les beaux souliers vernis
Il y a les douces ballerines
Qui rêvent de pieds aériens
Ceux qui les font voler dans les airs
Il y a les grosses bottes en cuir
Celles des soldats et des chasseurs
Qui rêvent de grandes forêts
Qui rêvent de champs de bataille
Il y a les chaussures à talons haut
Qui font rêver de pieds et de jambes
Et qui claquent sur les carreaux
Mais les pieds eux aussi
Veulent à tout prix donner leur avis
Les pieds meurtris par les marches
Les pieds fatigués de ne pas marcher
Les pieds de toutes les couleurs
Les pieds avec des formes bizarres
Des pieds en veux-tu en voilà
Des pieds tout petits de nouveau-nés

Des pieds immenses comme ceux de l'ogre
Des pieds qui grelottent de froid
Ceux qui marchent sur de la braise
Enfin tous les pieds
Les gentils les distingués
Ceux de monsieur tout le monde
Ceux des aristocrates bien-nés
Et enfin les miens qui voudraient bien donner leur avis
Mais que je force à se taire
Et qui me font un pied-de-nez

LES CIGOGNES DANS LE CIEL

Tout la- haut dans le ciel
Des cigognes au long bec
S'en vont au loin
Où courent-elles qui sait
Vers quels pays de soleil
Vers quelle autre lumière
Vers quelle contrée accueillante
Allez donc savoir
Chacun les regarde passer
Et se dit où vont-elles
J'aimerais bien m'en aller là-bas avec elles
Alors soudain décidés
Des humains lissent leurs plumes et leurs ailes
Puis ils s'ébattent bruyamment
Ils s'envoient quelques coups de bec
Prennent leur élan
Et soudain les voici
Tout là-haut dans le ciel
En train de suivre d'autres oiseaux
D'autres oiseaux qui les ignorent
Et se tiennent loin d'eux
Que voulez-vous dit la cigogne en chef
Il faut se méfier de tous et de tout
Sous ce ciel pas toujours très clair
Sous ce ciel des humains
Où l'azur n'est pas toujours très bleu
Et chacun suit son chemin
Tout là-haut dans le ciel
Les cigognes au long bec
Les humains qui les suivent

LES EAUX DE L'ÉTÉ

Les eaux de l'été font un long conciliabule
Il y a là la mer comme une reine
Elle qui connait tout
Elle qui voit tout
Elle qui entend tout
Les vacanciers en goguette
Leurs folies estivales
Leurs amours éphémères
Leurs slows des grands soirs
Elle en oublie et des meilleures
Il y aussi l'eau des lacs
Les tout grands les tout petits
Celle qui fait voguer quelques bateaux
Celle qui fait jouer les tout petits
Celle qui fait plaisir aux pêcheurs
Aux pêcheurs mais aussi aux canards
Aux foulques et aux poules d'eau
Enfin tous les animaux qui naviguent sur l'eau
Il y a l'eau des torrents
Et puis l'eau des grands fleuves
Celle des rivières tranquilles
Celle des étangs endormis
Il y a aussi l'eau des champs
Celle qui fait grandir les plantes
Celle qui se bat contre le soleil
Celle qui vole dans les airs
Ou se répand dans des rigoles
Enfin vous l'avez compris
Toutes les eaux d'ici de là de là-bas
Celles de dessous la terre
Celles qui valsent dans le ciel
Se racontent mille mésaventures
Sans faire de bruit

Sans troubler la torpeur de l'été
Au fait de quoi discutent-elles
Des hommes de leurs vies
De leurs projets de leurs envies
Alors les eaux se mettent à rire
À sourire et à pleurer
Et les larmes se mélangent aux eaux
Et tout ça fait des eaux de toutes sortes

LES ÉCUREUILS

Les écureuils gracieux
Volent de branches en branches
Tout là-haut à la cime des arbres
On les entend grignoter
Des noisettes des amandes
Puis ils sautent plus loin
Agiles et habiles
Voltigeant de branches en branches
Soudain un homme qui passait
S'arrête et les contemple
Les animaux s'étonnent
Puis soudain prennent peur
Face à l'étrange animal
Est-il un ami
Est-il un ennemi
Allez donc savoir
Mieux vaut se méfier
Mieux vaut s'en aller
Loin de cet animal
Qui mange qui sait des noisettes
Qui mange qui sait des écureuils
Alors ils s'envolent dans les branches
Tout là-haut à la cime des arbres
Les gracieux écureuils

LES LIVRES ENTRE EUX

Des livres discutent entre eux
Ils se racontent bien-sûr des histoires de livre
Des histoires à dormir debout
Des contes pour chat perché
Des choses de la vie de tous les jours
Des choses à dormir même pas debout
Des faits d'il y a des milliers d'années
Des aventures de la dernière pluie
Tout ce qui ravit les petits
Tout ce qui fait rêver les grands
Il y a aussi les livres plus sérieux
Ceux qui parlent du monde
Avec les mots des savants
Avec les phrases des érudits
Avec les mots pas pour tout le monde
Il y a les livres qui disent aux gens qu'ils sont des imbéciles
Il y a les livres qui prennent les gens pour de grands savants
Il y a les livres qui ne demandent rien à personne
Et ceux qui interpellent la foule entière
Il y a les tout petits livres
Ceux qu'on met dans la poche
Il y a les livres immenses et très lourds
Que voulez-vous chacun dans sa catégorie
Mais il n'y a aucun livre
Qui parle de notre histoire à nous
De notre amour à nous
Celui qui n'intéresse personne
Celui que personne ne lira
Et c'est très bien ainsi
Et c'est tant mieux pour nous
Inconnus imbéciles heureux
Mais pourtant un jour
Nous l'écrirons notre livre
C'est promis

LES OISEAUX EN VOYAGE

Les oiseaux sont en voyage
Un peu plus loin un peu plus haut
Là-bas vers des cieux bien plus doux
Vers des lieux d'éternels étés
Les oiseaux s'en vont
Vers la chaleur vers le soleil
Voir si la vie est plus jolie
Voir si les hommes sont meilleurs
Les oiseaux eux ne font que passer
Sous les nuages blancs d'ici
Pour s'en aller là-bas
À l'autre bout du monde
Le temps du beau temps
Le temps des beaux jours
Le temps d'un autre temps
Une autre année va venir
Le monde va chanter
Le monde va pleurer
Le monde va vivre sa vie
Avec ou sans oiseaux
Mais eux les oiseaux en voyage
S'en vont à tire d'aile
Sans arrêt sans regrets
Comme un seul navire
Comme un immense avion
Alors on leur dit bon voyage
Filez voyagez parcourez le monde
Regardez-le écoutez-le
Mais surtout surtout
Revenez-nous vite
Comme un chant de bonheur
Comme un chant d'oiseaux
Pour faire plaisir aux hommes
Tous ces drôles d'oiseaux

LES OISEAUX QUI VOYAGENT

Des oiseaux qui voyagent
Des oiseaux en partance
S'en vont là-bas au bout du monde
Voir si les jours sont meilleurs
Voir si la soupe est meilleure
Voir si le temps est plus clément
Voir si l'amour chante mieux
Ils emportent avec eux
Des morceaux de pays
Une part de la vie
Une portion de nos rêves
Nos mois passés ensemble
Nos clins d'œil du matin
Des bonjours sans importance
Alors vous les oiseaux
Si vous l'apercevez là-bas au bout du monde
Donnez-lui mon bonjour
Juste un petit clin d' œil
Un signe de la main
Simplement un coup d'aile
À celle qui fut mon amour
Et qui refait sa vie
Là-bas très loin
De tout ce qui fut nous
De tout ce qui n'est plus
Emporté dans les airs
Comme un simple vol d'oiseaux
Des oiseaux en partance
Des oiseaux qui voyagent

LES PLATS SUR LA TABLE

Les plats sur la table
Se regardent d'un œil hostile
Chacun défend son pré carré
Les sauces les gâteaux
Les sucreries les gâteries
Le sucré le salé
Les babas au rhum et les tartes tatins
Ont le regard des guerriers
Le regard des mauvais jours
Puis soudain tout bascule
La douceur des uns
La crudité des autres
La fraicheur des uns
La chaleur des autres
Tout cela fait un affreux mélange
Même les chats et les chiens du quartier
Attirés par la cohue
N'osent rien toucher
Il faut dire qu'on n'avait jamais rien vu de pareil
Pensez-donc
Quelle saveur les a donc piqués
Quel chef les a donc humiliés
Allez savoir
Si même maintenant
Les plats se mettent en rogne
Et quand tous les convives
Arrivent horrifiés
Plus rien de bon à se mettre sous la dent
Plus rien à se mettre sous les crocs
Restent juste quelques petits morceaux intacts
Alors tous les beaux messieurs dames
Tous les invités bon chic bon genre
Se jettent sur les pauvres morceaux

Et là une nouvelle bataille commence
Une bataille entre croqueurs de bons morceaux
Et c'est pas du gâteau et c'est pas de la tarte
Voyez plutôt les cadavres qui s'entassent bientôt
Sur la table à la place des plats
Dans un affreux carnage

LES PORTES SONT OUVERTES

Les portes sont ouvertes
Aujourd'hui et dimanche
Pour visiter monuments et musées
Pour visiter les vieilles pierres
Et les arts tout nouveaux
Mais d'autres portes sont ouvertes
Aujourd'hui demain et tous les jours
Pour visiter les âmes
Pour visiter les cœurs
Pour visiter les gens
Tous leurs trésors cachés
Tous leurs défauts cachés
Tout ce qui les fait jolis
Tout ce qui les fait pas beaux du tout
Tout ce qui les fait différents
Tout ce qui les fait marrants
Ou sinistres à souhait
Alors en ce jour et tous les jours
Venez vite visiter
Le voisin d'à côté
Le cousin de passage
Cette personne tous les jours dans votre vie
Ces enfants qui vous enquiquinent
Les gens de cette ville
Les gens des anciennes campagnes
Enfin les gens d'un peu partout
Approchez-vous de plus près
Écoutez leurs beaux mots
Entendez leurs sornettes
Donnez-leur votre avis
Ecoutez tous leurs cris
Alors peut-être
Alors qui sait

Les portes seront ouvertes
Tout au long de l'année
Tout au long de la vie
Pour visiter les humains
Et faire l'existence plus belle
Aujourd'hui et dimanche
Tous les jours de la semaine
Tous les jours que font les hommes
Quand leurs portes sont ouvertes

LES RAISINS SONT DÉJA MÛRS

Les raisins sont déjà mûrs en ce début du mois d'aout
Et les voilà entre eux qui discutent le coup
Certains ont hâte
D'être dans les paniers
Prêts à partir là-bas vers la cuve
La cuve et les palais humains
D'autres auraient préféré rester
Encore quelques temps dans leurs souches
Encore quelques temps à se dorer la pilule
Pour prendre de la saveur
D'autres indifférents voient déjà les sécateurs
Venir faire leur travail de sécateur
Ici et là de partout dans les vignes
Mais le soleil ce chenapan en a décidé ainsi
Raisins de France il vous faut mûrir tout de suite
Et pourquoi donc
Parce que je le veux
Alors tout le monde résigné
Les hommes les raisins les souches les cuves
Vont faire leur joli travail
Chacun donne son avis
Il n'y a plus de saison
Il n'y a plus de raison mais il y a des raisins
On verra l'année prochaine
On verra pour le futur
Comme on a vu de tous temps
Alors les raisins sont très contents
D'autres raisins font semblant d'être contents
Et tout le monde
Content ou pas content
Remplit les paniers
Tandis que des gosiers
S'apprêtent à chanter ce gai refrain de l'année

Les raisins sont déjà mûrs en ce début du mois d'aout
Et tous de dire
Que voulez-vous mes amis
Il n'y a plus de saisons de toute façon
Il n'y a plus rien qui tourne rond
Mais vive la vigne et le doux jus des grappes
En ce début du mois d'aout
Disent les raisins entre eux

L'ÉTÉ SE SOUVIENT

L'été se souvient
Il n'y a pas si longtemps
Les jours étaient en fête
Sous le soleil brulant des mers
Sous le soleil réservé des montagnes
Il pleuvait des cris de joie
Il tombait des cris de bonheur
Les bateaux les baigneurs
Rechantaient la chanson en bleu
Le bleu qui s'amusait
Le bleu qui riait
Tendrement ironiquement
De tout ce monde affairé
De tous ces gens pressés
Comme on l'est en été
Comme on l'est en vacances
Même les autoroutes chantaient
Même les trains ronronnaient
Même la nature faisait ses yeux doux
Comme quand les mois
Comme quand les jours
Comme quand les heures
Avaient parfois
Avaient souvent
Des allures de fusées
Des allures de météores
Mais le silence a repris ses droits
Ils ne tombent que des souvenirs
Sur la plage abandonnée
Les sentiers ont retrouvé leur solitude
Et ce beau monde est triste
Et ce brave monde est content
En pensant au bonheur

En rêvant des jours agités
Qui reviendront c'est sûr
L'année prochaine c'est sûr
En voyant les appels
De l'été qui se souvient
D'il n'y a pas si longtemps

L'HIVER ET L'ÉTÉ SONT EN DISCUSSION

L'hiver et l'été
Sont en grande discussion
Chacun se veut le plus beau
Le plus grand le plus fort
Moi j'ai pour moi les vacanciers
La mer le ciel bleu
Tous les fruits de Provence et d'ailleurs
Les rayons dorés et brillants
Et tous les bonheurs du monde
Moi j'ai pour moi le blanc de la neige
Les sapins de noël
La crèche et les enfants du monde entier
Les rois du ski
Les cheminées d'antan
Les longues veillées
Et tous les bonheurs du monde
Alors pendant ce temps
Monsieur le printemps
Et monsieur l'automne
Sourient dans leur coin
Mais ils ne disent rien
Attendant gentiment leur tour
Avec douceur et sans excès
Tandis que continue la grande discussion
Et que parlent sans fin
L'hiver et l'été
Au rythme des saisons qui passent
Au rythme du temps qui lasse
Au rythme des saisons envolées

L'ORAGE

L'orage montre sa colère
Sa fureur et ses vils mouvements
La ville et la campagne
En prennent un sacré coup
Des déluges de pluie
Des éclairs et du feu
S'épanchent sur la terre
Vous allez en voir de toutes les couleurs
Et je vais me venger
Me venger de toutes ces misères
Que vous savez infliger
À mes amis de la nature
Les forêts saccagées
Les ruisseaux et les champs détruits
Vos fumées dévastatrices
Et toutes ces cochonneries
Que vous savez fabriquer
Ainsi dit le tonnerre
Tout à sa fureur tout à ses gronderies
Puis soudain il s'en va
Il s'en va comme il était venu
Dans les airs et l'espace
Dans les eaux et les monts
Alors les hommes se lèvent
Regardent un peu de partout
Ressortent leurs instruments
Et voilà de nouveau
Le grand saccage qui continue
Qui continue sans souci
Sans souci des mises en garde
De l'orage ombrageux
Qui maugrée sans sa barbe
Devant le triste spectacle
De toutes les misères

MERCI À TOUS

Merci à tous
Vous vents et alizés
Toi la bise des jours mauvais
Vous les étoiles scintillantes
Toi le soleil plein de chaleur
Vous les mers aux vagues de tout poil
Toi la lune au sourire ironique
Vous les arbres qui nous regardaient de haut
Toi le printemps aux chants pleins de douceur
Vous les montagnes à la tête blanche
Toi l'hiver aux bourrasques rudes
Vous les animaux mangeurs d'autres animaux
Toi l'espace infini
Vous les parcours finis
Toi la lumière qui sort avec l'aube
Vous les terres de tous temps
Toi le ciel aux humeurs changeantes
Et puis merci à vous
Hommes de tous les temps
Hommes de tous les âges
Hommes de tous les maux
Quoi qu'est-ce que j'ai dit
Ah bon c'est pour ça que vous me faites la tête
Bon je retire tout ce que j'ai dit
Non juste hommes de tous les mots

MON MÉDICAMENT

De bon matin
J'ai pris mes médicaments
Un médicament pour voir la vie en rose
Un médicament pour chanter
Un autre pour monter au septième ciel
J'ai pris aussi d'autres remèdes
Un remède contre le mal d'amour
Celui contre le temps qui court
Un remède contre la gueule de bois
Celui contre la gueule d'enfer
Bien entendu je n'ai pas oublié
La potion magique qui vous rend fort
Jusqu'à la fin des temps
Et même bien plus loin encore
La potion à base d'herbes
Celle à base de potions
La potion d'autrefois
Celle du dernier cri
À midi j'ai repris une dose
Du remède miraculeux
Du remède qui vous dispense de remèdes
Un médicament pour voir la vie en bleu
Celui pour rêver
Un autre pour monter jusque dans les étoiles
La panacée le nec plus ultra
La pilule du bonheur
La pilule des gens prudents
La pilule de tout le monde
Enfin le soir j'ai pris
Un remède de cheval
Un remède d'éléphant
Un remède d'hippopotame
Alors quand la nuit est venue

Comme je n'avais plus de médicaments
Je suis allé chez les vampires
Et nous avons dansé toute la nuit
Au bal des trépassés
Et nous avons chanté toute la nuit
Tels des diables des démons
Ceux qui n'ont plus besoin de médicaments

MONSIEUR DIMANCHE

Monsieur Dimanche est content
Aujourd'hui c'est sa fête
Voilà déjà la première messe
Quand on croit vraiment au Bon Dieu
Et qu'on vient l'adorer dans le petit matin
Voici les journaux tout frais
Qu'on prend le temps de lire aujourd'hui
Messieurs les lève-tôt
Messieurs les bricoleurs
Ceux qui conduisent la tondeuse
Ceux qui embêtent leurs voisins
Ceux qui sont à l'œuvre de bonne heure
Les buveurs d'apéros
Les faiseurs de tiercés
Refont le monde à leur façon
Et des mots de toutes sortes
Volent dans les rues et dans les bars
Les messieurs dames bien habillés
Sont là pour la grand-messe
Avec leurs beaux costumes
Avec leurs belles robes
Avec leur beau langage
Les footballeurs les rugbymen
Pensent à cet après-midi
Ces matchs qu'il faudra gagner
Ces commentaires qu'il faudra écouter
Il faut dire qu'il passe vite Monsieur Dimanche
Qu'il passe à toute vitesse
Comme un monsieur très pressé
Comme quelqu'un qu'on attend au virage
Et le virage s'appelle lundi
Avec sa mine d'enfant triste
Ses allures d'homme résigné

Avec ses accompagnateurs
Tous ceux qui le suivront
En attendant qu'il soit de retour
Dans quelques jours sous peu
Rêvez de lui Monsieur Dimanche
Ce brave Monsieur Dimanche

SUR LA SCÈNE

Sur la scène les acteurs se démènent
Les acteurs jouent à l'acteur
Avec des mots d'acteur
Des mots de pas tous les jours
Les mots des livres
Les mots des textes
L'un essaye de faire pleurer aujourd'hui
Demain il faudra amuser la galerie
Dans la salle un grand silence court
Parfois des éclats de rire retentissent
Quelquefois des hurlements
De bonheur de réprobation
Courent dans les rangs
Certains murmurent dans leur barbe
Des commentaires variés
Des commentaires acidulés
Les acteurs concentrés
Les acteurs consacrés
Ceux qui débutent
Ceux qui trainent leurs souvenirs
Ceux qui se voient déjà
Ceux qui ont tout vu
Ceux qui pensent à demain
Ceux qui se souviennent d'hier
Lancent leurs mots
Lancent leurs répliques
Avec chaleur
Avec froideur
Avec conviction
Et tout ça fait un joli spectacle
Pour les papas les mamans
Pour les enfants pour les grands
Comme dans la vie quoi
Celle grande pièce sans fin

UN CHAT DESSUS LE TOIT

Un chat miaule dessus un toit
Un chat miaule dessus un caniveau
Un chien aboie parce qu'un chien aboie
Une meute de chien hurle son désarroi
Des loups hurlent dans le lointain
Des pies jacassent à qui mieux mieux
De gentils oiseaux pépient au fond des arbres
Des vaches s'ennuient tout au fond des prés
Il fait beau il pleut à verse
Il fait le temps qu'il veut dans le pays qui lui plaît
Et tout ça fait un joyeux vacarme
Un bruit subtil dans certains endroits
Des humains sont encore plus bruyants
Et s'échangent des malédictions
D'un bout à l'autre de la terre
Des cris des injures ou des baisers
Des amoureux font cui-cui
Des poissons font glouglou
Des fauves rugissent comme des fauves
D'autres animaux
D'autres êtres humains
Poussent à leur façon
Poussent comme ils peuvent
Poussent selon leur inspiration
Des malédictions ou des chants d'amour
Mais tout là-bas
À l'autre bout du monde
Un dictateur exalté
Joue avec une bombe
Prêt à défier l'univers
Prêt à défier toute la terre
Dans son bunker caché
Quelque part en Asie

Quelque part en folie
Quelque part de partout

UN FILM

Faites-moi voir un film
Un film pour parler de la vie
Un film pout parler de l'amour
Des enfants et des ruisseaux
Pour me mettre le cœur en fête
Montrez-moi un film
Avec la guerre avec des cris
Un film avec des horreurs
Des horreurs des erreurs très humaines
Pour parler des jours noirs
Des jours qui pleurent
Montrez-moi un film avec plein de couleurs
Celles du ciel des arbres et des fleurs
Celles du sang du Mal et de l'enfer
Montrez-moi des images
En noir et blanc
En rouge et noir
Enfin de toutes les couleurs
Un film d'autrefois
Un film d'aujourd'hui
Qui parle de la vie
Qui parle du malheur
Qui parle de vous
Et qui parle de moi
Un film de tous les jours
Un film pour les jours de pluie
Un film pour les jours de grand soleil
Le film de tous les temps
Le film qu'on se fait soi-même
Ou celui qu'ont fabriqué les autres
Un film dans un film
Le film de notre existence
Celui dont on ne connait pas la fin
Mais qu'on se repasse sans fin

UN GRAIN DE FOLIE

Un grain de folie
Tel un astéroïde
Court à travers l'espace
Puis vient s'écraser sur la terre
Il n'a pas trop choisi
Où le mènent ses pas
Alors il parcourt la terre
Les mers les océans les continents divers
Les volcans en colère
Les campagnes endormies
Enfin tout ce qu'on trouve sur la terre
Puis soudain il voit des êtres bizarres
Qu'on appelle les hommes
Alors il va vers eux
Les saluent perfidement
À grands coups de chapeau
À grands coup de sourire
À grands coup de n'importe quoi
Puis il se glisse dans leurs têtes
Y répand sa malédiction
Son monde de guerre de meurtres de folies
Enfin il reprend sa route
Tout fier de son travail
Belle journée aujourd'hui qu'il se dit
Il repart dans les cieux
Tel un astéroïde
Court à travers l'espace
Avant de s'écraser en ricanant
Sur le monde des hommes
Sur la tête des hommes
Tel un astéroïde
Qui vient s'écraser sur la terre

VIEUX OBJETS DES BROCANTES

Vieux objets des brocantes
Racontez-nous vos souvenirs
Parlez-nous de ces hommes
Qui furent vos maîtres vos chefs et vos patrons
Quelles furent leurs colères
Leurs instants de plaisir
Leurs bonheurs en partance
Avez-vous connu la vie d'autrefois
Les vieux travaux des champs
Les outils de la terre
Le chant de la misère
Tant de corps éreintés
Tant de corps abimés
Avez-vous entendu le chant des prières
Celui des anciennes maisons
Celui des châteaux des seigneurs
Le temps des églises
Le temps des vieux prélats
Celui d'une autre France
Vous vieilles armes d'antan
Qui avez-vous combattu
Quelles mains vous ont tenues
Quels membres avez-vous tranchés
Et vous livres fanés
Quels yeux se sont posés sur vous
Quelles idées ont couru dans vos têtes
Celles qui parcouraient vos lettres
Alors dans vos pensées
Comment trouvez-vous les objets d'aujourd'hui
Comment trouvez-vous les hommes d'aujourd'hui
Vieux objets des brocantes

RÉCAPITULATIF DES POÈMES

Au marché du jeudi	P11
Dans la maison de retraite	P13
De la fumée sort du toit	P15
Derrière mon écran	P16
Des notes dans le ciel	P18
Des routes sans fin	P20
Des voix sur la terre	P22
La canicule et la pluie	P24
La maison en Afrique	P25
La ronde des sirops	P27
La vieille maison abandonnée	P29
La vieille maison	P31
Le bistrot des confidences	P33
Le disque vinyle	P35
Le facteur n'est pas passé	P36
Le fleuve et la rivière	P37
Le froid d'été	P39
Le joli mois de mai	P41
Le marchand de barbe à papa	P42
Le papa la maman et les enfants	P43
Le pêcheur le poisson les oiseaux	P45
Le petit canard sans cheveux	P47
Le petit martinet	P48
Le soleil fait ce qu'il veut	P50
Le vieux château en ruines	P52
Les amis virtuels	P54
Les animaux curieux	P56
Les animaux dans la maison	P58
Les champignons dans la forêt	P60
Les chaussures et les pieds	P61
Les cigognes dans le ciel	P63
Les eaux de l'été	P64
Les écureuils	P66
Les livres entre eux	P67

Les oiseaux en voyage	P68
Les oiseaux qui voyagent	P69
Les plats sur la table	P70
Les portes sont ouvertes	P72
Les raisins sont déjà mûrs	P74
L'été se souvient	P76
L'hiver et l'été sont en discussion	P78
L'orage	P79
Merci à tous	P80
Mon médicament	P81
Monsieur dimanche	P83
Sur la scène	P85
Un chat dessus le toit	P86
Un film	P88
Un grain de folie	P89
Vieux objets des brocantes	P90

Imprimé en France par Lulu.com
Dépôt légal : novembre 2017

www.ingramcontent.com/pod-product-compliance
Lightning Source LLC
Chambersburg PA
CBHW071312040426
42444CB00009B/1994